Minutos
DE ESTUDIO BÍBLICO

PROGRAMA DE
ESTUDIO
EN 6 SEMANAS

CÓMO TENER

UNA RELACIÓN

GENUINA

CON DIOS

**MINISTERIOS
PRECEPTO
INTERNACIONAL**

KAY ARTHUR

CÓMO TENER UNA RELACIÓN GENUINA CON DIOS
Publicado en inglés por WaterBrook Press
12265 Oracle Boulevard, Suite 200
Colorado Springs, Colorado 80921
Una división de Random House Inc.

Todas las citas bíblicas han sido tomadas de la Nueva Biblia Latinoamericana de Hoy;
© Copyright 2005
Por la Fundación Lockman.
Usadas con permiso (www.lockman.org).

ISBN 978-1-62119-217-6

2015 – Edición Estados Unidos

CÓMO USAR ESTE ESTUDIO

Este estudio bíblico ha sido diseñado para grupos pequeños que están interesados en conocer la Biblia, pero que disponen de poco tiempo para reunirse. Por ejemplo, es ideal para grupos que se reúnen a la hora de almuerzo en el trabajo, para estudios bíblicos de hombres, para grupos de estudio de damas, para clases pequeñas de Escuela Dominical o incluso para devocionales familiares. También, es ideal para grupos que se reúnen durante períodos más largos – como por las noches o los sábados por la mañana – pero que sólo quieren dedicar una parte de su tiempo al estudio bíblico, reservando el resto del tiempo para la oración, comunión y otras actividades.

Este libro está diseñado de tal forma que el grupo tendrá que realizar la tarea de cada lección al mismo tiempo que se realiza el estudio. El discutir las observaciones a partir de lo que Dios dice acerca del tema revela verdades emocionantes e impactantes.

Aunque es un estudio grupal, se necesitará un facilitador para dirigir al grupo – alguien que permita que la discusión se mantenga activa. La función de esta persona no es la de conferencista o maestro. No obstante, cuando este libro se usa en una clase de Escuela Dominical o en una reunión similar, el maestro debe sentirse en libertad de dirigir el estudio de forma más abierta, dando otras observaciones además de las que se encuentran en la lección semanal.

Si eres el facilitador del grupo, el líder, a continuación encontrarás algunas recomendaciones para hacer más fácil tu trabajo:

- Antes de dirigir al grupo, revisa toda la lección y marca el texto. Esto te familiarizará con el contenido y te capacitará para ayudar al grupo con mayor facilidad. Te será más cómodo dirigir al grupo siguiendo las instrucciones de cómo marcar, si tú como líder escoges un color específico para cada símbolo que marques.

- Al dirigir el grupo, comienza por el inicio del texto y lee en voz alta siguiendo el orden que aparece en la lección, incluyendo los "cuadros de aclaración" que pueden aparecer. Trabajen la lección juntos, observando y discutiendo lo que aprenden. Al leer los versículos bíblicos, haz que el grupo diga en voz alta la palabra que se está marcando en el texto.

- Las preguntas de discusión sirven para ayudarte a cubrir toda la lección. A medida que la clase participe en la discusión, muchas veces te darás cuenta de que ellos responderán a las preguntas por sí mismos. Ten presente que las preguntas de discusión son para guiar al grupo en el tema, no para suprimir la discusión.

- Recuerda lo importante que es para la gente el expresar sus respuestas y descubrimientos. Esto fortalece grandemente su entendimiento personal de la lección semanal. Asegúrate de que todos tengan oportunidad de contribuir en la discusión semanal.

- Mantén la discusión activa. Esto puede significar el pasar más tiempo en algunas partes del estudio que en otras. De ser necesario, siéntete en libertad de desarrollar una lección en más de una sesión. Sin embargo, recuerda que no debes ir a un ritmo muy lento. Es mejor que cada uno sienta que contribuye a la discusión semanal, "que deseen más", a que se retiren por falta de interés.

- Si las respuestas del grupo no te parecen adecuadas, puedes recordarles cortésmente, que deben mantenerse enfocados en la verdad de las Escrituras. La meta es aprender lo que la Biblia dice, no adaptarse a filosofías humanas. Sujétate únicamente a las Escrituras y permite que Dios te hable. ¡Su Palabra es verdad (Juan 17:17)!

CÓMO TENER UNA RELACIÓN GENUINA CON DIOS

¿Te has preguntado alguna vez si es posible tener una relación real con Dios? ¿Una relación genuina que funcione en medio de las circunstancias diarias de la vida? ¿Te gustaría encontrar una verdadera interacción de comunidad que esté basada en Dios?

Este estudio inductivo te ayudará a descubrir, por ti mismo, en qué forma es posible tener una relación así. Por inductivo queremos decir que irás directamente a la fuente—la Biblia—para ver lo que Dios tiene que decir acerca de la relación que Él quiere tener contigo y acerca de la comunidad a la cual Él quiere introducirte.

Líder: Toma unos minutos para discutir la situación actual de nuestra cultura y qué es lo que las personas están buscando hoy en día. ¿Cuáles son algunas de las preguntas que ellos hacen? ¿Cómo se sienten acerca de la vida? ¿Acerca de Dios? ¿Acaso tienen una religión que les satisface? ¿Una creencia — una relación — que ha cambiado sus vidas? ¿Una relación que ellos sientan que es genuina?

OBSERVA

¿Te has preguntado alguna vez qué tenemos que hacer o qué tenemos que llegar a ser para merecer una relación con Dios? Leamos lo que Dios nos dice en el libro de Romanos en el Nuevo Testamento.

*Líder: Lee en voz alta Romanos 5:6-11. Pide a los estudiantes que encierren con un círculo las palabras **nosotros** y **nos**. Y las referencias verbales, tales como: "**éramos**". Pídeles que cuando encuentren cada pronombre, lo pronuncien en voz alta mientras lo marcan. De esa forma todos estarán seguros de marcar cada una de las referencias.*

*Pide que los estudiantes lean individualmente los mismos versículos y que cuando vean la palabra **amor**, la marquen dibujando un corazón como éste:* ♡

Romanos 5:6-11

[6] Porque mientras aún éramos débiles, a su tiempo Cristo murió por los impíos.

[7] Porque difícilmente habrá alguien que muera por un justo, aunque tal vez alguno se atreva a morir por el bueno.

[8] Pero Dios demuestra su amor para con nosotros, en que siendo aún

pecadores, Cristo murió por nosotros.

[9] Entonces mucho más, habiendo sido ahora justificados por Su sangre, seremos salvos de la ira *de Dios* por medio de Él.

[10] Porque si cuando éramos enemigos fuimos reconciliados con Dios por la muerte de Su Hijo, mucho más, habiendo sido reconciliados, seremos salvos por Su vida.

[11] Y no sólo *esto*, sino que también nos gloriamos en Dios por medio de nuestro Señor Jesucristo, por quien ahora hemos recibido la reconciliación.

ACLARACIÓN

Pecadores se puede definir como las personas que rigen sus propias vidas, haciendo las cosas a su manera en lugar de la de Dios. Por lo tanto, nunca pueden alcanzar, cumplir las normas de Dios y se alejan ellos mismos de Él.

DISCUTE

- De acuerdo al versículo 8, ¿cuándo demostró Dios Su amor por nosotros y cómo?

- ¿Cuál era nuestro estado cuando Dios demostró Su amor por nosotros?

- Busca las referencias a las palabras *nosotros*, *nos* y sus *referencias verbales* que has marcado y discute lo que aprendes acerca del estado en que estaba la humanidad cuando Cristo murió por ella.

Probablemente, lo anterior hizo surgir en tu mente las siguientes preguntas:

¿Por qué se nos considera débiles?

¿Qué es un pecador?

¿De quién somos enemigos y por qué?

Esas son buenas preguntas que serán contestadas la semana entrante.

OBSERVA

Ahora veamos este pasaje más de cerca y observemos qué nos dicen estos versículos acerca de Dios y de Jesucristo.

*Líder: Pide al grupo que lea otra vez el texto en las páginas 6-7, cada quien por su cuenta y que marquen toda referencia a **Dios** y a **Jesucristo**. Pide...*

• marcar a Dios de esta forma: △

• marcar a Jesucristo con una cruz: ✝

Romanos 5:6-11

⁶ Porque mientras aún éramos débiles, a su tiempo Cristo murió por los impíos.

⁷ Porque difícilmente habrá alguien que muera por un justo, aunque tal vez alguno se atreva a morir por el bueno.

⁸ Pero Dios demuestra su amor para con nosotros, en que siendo aún pecadores, Cristo murió por nosotros.

⁹ Entonces mucho más, habiendo sido ahora justificados por Su sangre, seremos salvos de la ira *de Dios* por medio de Él.

¹⁰ Porque si cuando éramos enemigos fuimos reconciliados con Dios por la muerte de Su Hijo, mucho más, habiendo

Haz una lista de todo lo que has aprendido acerca de Dios y de Jesucristo en la columna a la derecha en la página 7.

ACLARACIÓN

Justificado significa ser absuelto, declarado sin culpa, ser hecho justo, estar ante Dios sin culpa.

Reconciliado significa dejar de estar en enemistad (o enemigos) el uno con el otro. La definición del diccionario es "hacerse otra vez amigos; reconciliarse, arreglar una querella, un desacuerdo, darse por satisfecho; ya no estar más en oposición a algo".

Reconciliación significa cambiar de estar en enemistad (o separado) y reestablecer de nuevo la amistad.

DISCUTE

• ¿Qué aprendiste acerca de Dios en estos versículos?

• ¿Qué aprendiste acerca de Jesucristo en estos versículos?

sido reconciliados, seremos salvos por Su vida.

[11] Y no sólo *esto*, sino que también nos gloriamos en Dios por medio de nuestro Señor Jesucristo, por quien ahora hemos recibido la reconciliación.

• ¿A los ojos de quién debemos ser justificados? ¿Por qué?

DIOS

• ¿Cómo somos justificados?

• De acuerdo al versículo 9, ¿de qué necesitamos ser salvos? ¿Cómo seremos salvos? ¿Qué te dice esto acerca de la gente que nunca tiene una relación genuina con Dios?

JESUCRISTO

- Discute lo que significa ser reconciliado, asegúrate de haber entendido lo que dice el cuadro de aclaración. Luego, discute cómo y cuándo somos reconciliados con Dios. ¿Qué hizo Cristo para hacer posible esa reconciliación? (Posiblemente ya has cubierto esto, pero repasar es bueno — así que ¡manos a la obra!)

ACLARACIÓN

No nos volvimos pecadores, al enemistarnos con Dios, porque Él nos haya desechado, abandonado o dejado a nuestra propia cuenta. Nuestra relación con Dios fue dañada por la propia voluntad del hombre. En el principio de la creación, Adán y Eva, el primer hombre y la primera mujer creados por Dios, eligieron escuchar a alguien más en lugar de a Dios. Como hijos rebeldes, se apartaron de la protección divina de ser obedientes a su Creador y Sustentador. La decisión de Adán de comer algo que Dios les había prohibido rompió su intimidad con Él. Consecuentemente llegamos a ser pecadores impíos, enemigos de Dios.

FINALIZANDO

Piensa en esto: Si somos reconciliados por la muerte de Jesús en la cruz, ¡entonces Romanos 5:10 dice que seremos salvos por Su vida! En otras palabras, Jesús no permaneció muerto. Se levantó de la muerte. Él vive y nosotros también viviremos, seremos salvos por Su vida. Más adelante veremos esto con más profundidad.

La pregunta que debes hacerte es ésta: ¿Dónde estás en tu relación con Dios, si la Biblia es verdad? ¿Eres un pecador, impío y enemigo de Dios? De acuerdo a lo que has leído, ¿hay esperanza para ti? ¿Puedes tener una relación genuina con Dios?

¿Has recibido la reconciliación y llegado a ser amigo de Dios o algo parece estar obstruyendo tu camino? Si es esto último, no te desalientes. Hay esperanza. Simplemente habla con Dios sobre esto. Dile cuál es tu situación y cuáles son tus preguntas. Luego espera que Él te responda. Él lo hará porque ¡Él desea tener una relación íntima y auténtica contigo!

La próxima semana veremos más de cerca este asunto del pecado. ¿Qué nos hace pecadores a los ojos de Dios? ¿Qué es pecado? ¿Qué formas toma y a dónde nos lleva? ¡Todo esto será muy esclarecedor!

Vivimos en una época donde la mayoría de nuestra sociedad carece de integridad... cuando nuestra ética y nuestras acciones descansan completamente sobre nuestro propio juicio, sentimientos, deseos y opiniones... donde la palabra que oímos por todos lados es tolerancia... y los absolutos son rechazados — necesitamos conocer cómo define Dios el pecado y hacia dónde nos conduce.

Líder: Toma unos minutos para que los estudiantes discutan las normas morales y éticas, así como las creencias de aquellos con quienes se relacionan en la iglesia o sociedad. ¿Cuáles son sus percepciones del cristianismo y cuál es la postura de la iglesia sobre los diferentes asuntos sociales y morales?

OBSERVA

Ahora descubramos cómo describe Dios el pecado.

Líder: Lee en voz alta los versículos que aparecen en las columnas de las páginas 11-13, comenzando con 1 Juan 3:4 y terminando con Isaías 53:6. Pide que los estudiantes hagan un círculo atravesado con una diagonal, cada vez que vean la palabra pecado, así: ⊘

*También, marca la palabra **iniquidad** de la misma manera. Pide nuevamente a los estudiantes, que digan en voz alta estas palabras cuando aparezcan en el texto.*

1 Juan 3:4

Todo el que practica el pecado, practica también la infracción de la ley, pues el pecado es infracción de la ley.

1 Juan 5:17

Toda injusticia es pecado, pero hay pecado *que no lleva* a la muerte.

Santiago 4:17

A aquél, pues, que sabe hacer *lo* bueno y no lo hace, le es pecado.

Romanos 14:23

Pero el que duda, si come se condena, porque no lo hace por fe. Todo lo que no procede de fe, es pecado.

Juan 16:7-9

[7] Pero Yo les digo la verdad: les conviene que Yo me vaya; porque si no me voy, el Consolador (Intercesor) no vendrá a ustedes; pero si me voy, se Lo enviaré.

[8] Y cuando Él venga, convencerá (culpará) al mundo de pecado, de justicia y de juicio;

[9] de pecado, porque no creen en Mí;

DISCUTE

Examinen cuidadosamente estas referencias bíblicas versículo por versículo y discutan cómo define cada una de ellas el pecado. Mientras lo hacen, miren si alguien puede dar un ejemplo o ilustración que clarifique cada definición específica de pecado.

Líder: Lee en voz alta la definición de "infracción de la ley" e "injusticia".

ACLARACIÓN

Infracción de la ley es quebrantar o ignorar la ley de Dios; vivir separado de las leyes de Dios.

Injusticia es vivir de forma contraria a lo que Dios dice que es bueno, correcto.

• En base a estas definiciones, ¿a quién deberíamos buscar para saber lo que es "bueno" y lo "que no está bien"? De acuerdo a estos versículos, ¿cómo se le llama a lo que "no está bien"?

- La fe es creer la Palabra de Dios, creyendo que lo que Él dice es verdad. Si dices que crees en Dios de acuerdo a Romanos 14:23, entonces, ¿cómo vivirás? Si vas a vivir por fe, ¿qué es necesario saber?

- Las palabras en Juan 16:7-9 fueron habladas por Jesucristo. El pronombre Él en el versículo 8 se refiere al Espíritu Santo. ¿Cuál es la función del Espíritu Santo?

- De acuerdo a Isaías 53:6, ¿qué es lo que la oveja hace mal? ¿Has hecho eso alguna vez? ¿Hay alguien lo suficientemente valiente que quiera compartir con los demás algún incidente en que voluntariamente eligió actuar en forma contraria a lo correcto? ¿Cuál fue el resultado?

- En base a lo que hemos aprendido sobre la injusticia y la infracción de la ley, ¿qué significa que nos apartemos cada cual por nuestro camino? ¿Cómo se le llama a eso?

Isaías 53:6

Todos nosotros nos descarriamos como ovejas, nos apartamos cada cual por su camino; pero el SEÑOR hizo que cayera sobre Él la iniquidad de todos nosotros.

ACLARACIÓN

Iniquidad es un sinónimo de la infracción de la ley, injusticia, pecado.

• De acuerdo a Isaías 53:6, ¿qué ha hecho Dios con "la iniquidad de todos nosotros"? ¿Te recuerda eso de algo que aprendiste la semana pasada?

Romanos 3:9-10

⁹ ¿Entonces qué? ¿Somos nosotros mejores que ellos? ¡De ninguna manera! Porque ya hemos denunciado que tanto judíos como griegos están todos bajo pecado.

¹⁰ Como está escrito: "NO HAY JUSTO, NI AUN UNO;

Romanos 3:23

Por cuanto todos pecaron y no alcanzan la gloria de Dios.

OBSERVA

*Líder: Lee en voz alta los versículos impresos en la columna que está al margen de las páginas 14-16 y pide al grupo que marque la palabra pecado tal como lo hicieron anteriormente. (No olvides marcar también la palabra **iniquidad** de la misma forma). Una vez más, pídeles que digan la palabra en voz alta, cada vez que aparezca.*

El libro de Romanos es una carta escrita por el apóstol Pablo a un grupo de cristianos en Roma. Cuando Pablo usaba el pronombre nosotros, él se incluía a sí mismo y a sus compañeros entre aquellos que una vez fueron débiles, pecadores, impíos y enemigos de Dios.

DISCUTE

• ¿Qué observas acerca de la extensión del pecado según los pasajes de Romanos?

- En Romanos 5:12, ¿sabes quién es el "hombre" por quien el pecado entró en el mundo? Si no, lee el último cuadro de aclaración de la Primera Semana. Si como dice la Biblia, toda la humanidad desciende de un hombre, entonces, ¿qué es inherente en el hombre? ¿Qué versículo en la columna al lado muestra que esto es verdad?

Romanos 5:12

Por tanto, tal como el pecado entró en el mundo por medio de un hombre, y por medio del pecado la muerte, así también la muerte se extendió a todos los hombres, porque todos pecaron.

- ¿Qué trajo el pecado consigo? ¿Qué tan extendido está el pecado? De acuerdo a este pasaje, ¿qué entró en el mundo por causa del pecado? ¿Ha pasado la muerte a todos los hombres? Entonces, ¿qué nos muestra esto acerca de todos los hombres?

Salmo 51:5

Yo nací en iniquidad, y en pecado me concibió mi madre.

- De acuerdo al Salmo 51:5, ¿en qué condiciones dice el salmista que fue concebido? ¿Qué dice esto acerca de cada niño que nace en este mundo?

Juan 8:30-36

[30] Al hablar estas cosas, muchos creyeron en Él.

[31] Entonces Jesús decía a los Judíos que habían creído en Él: "Si ustedes permanecen en Mi palabra, verdaderamente son Mis discípulos;

- ¿Quién, de acuerdo a estos versículos, puede asegurar estar sin pecado? ¿Te ves a ti mismo como un pecador? ¿Por qué si o por qué no?

[32] y conocerán la verdad, y la verdad los hará libres."

³³ Ellos Le contestaron: "Somos descendientes de Abraham y nunca hemos sido esclavos de nadie. ¿Cómo dices Tú: 'Serán libres'?"

³⁴ Jesús les respondió: "En verdad les digo que todo el que comete pecado es esclavo del pecado;

³⁵ y el esclavo no queda en la casa para siempre; el hijo sí permanece para siempre.

³⁶ Así que, si el Hijo los hace libres, ustedes serán realmente libres".

• En Juan 8:30-36, ¿qué dice Jesús que es verdad acerca de aquel que comete pecado? ¿Ves la verdad de este versículo manifestada en la sociedad de hoy? ¿Cómo?

• Según Juan 8:30-36, ¿quién es el único que puede hacer "realmente libre" al esclavo?

• Si como Jesús dice en Juan 8:32, "la verdad los hará libres", ¿dónde se encuentra la verdad?

FINALIZANDO

Hemos visto que la Biblia dice que todos los hombres han pecado. Así que, ¿qué significa esto para nosotros y nuestra relación con Dios? ¿Hay consecuencias serias al pecar? ¿Disculpará un Dios justo nuestro comportamiento si echamos la culpa de ello a nuestra educación, a los fracasos de nuestros padres, nuestro lugar en la sociedad o nuestro medio ambiente? ¿Podemos negar que somos pecadores y esperar llegar al cielo? La próxima semana veremos lo que la Biblia nos dice acerca de las consecuencias del pecado.

Hemos visto que, de acuerdo a la Palabra de Dios, todos somos pecadores y esclavos del pecado. Nacemos de esa manera y así permaneceremos hasta que Jesucristo nos haga libres.

También entendimos, a la luz de la Biblia, lo que constituye el pecado. Las preguntas que ahora debes considerar son: de acuerdo a Dios, ¿cuáles son las consecuencias del pecado? O, si no creo en Dios, ¿debería esto importarme?

OBSERVA

Líder: Lee en voz alta Juan 8:18-24. También lee el versículo 44 que aparece en la página 21. Jesús está hablando a los fariseos (judíos religiosos, líderes de su tiempo), estando de pie en el lugar del tesoro del templo, ubicado sobre el Monte del Templo (actual sitio del Domo de la Roca en Jerusalén). Haz que el grupo marque:

- *toda referencia a **pecado** o **pecados**, así:* ⌀
- *toda referencia a los **Judíos**, incluyendo los pronombres **ellos**, **suyos**, **tuyos**, **su** con una* ✡.
- *toda referencia a **Jesús** con una cruz* ✝

Juan 8:18-24

[18] Yo soy el que doy testimonio de Mí mismo, y el Padre que Me envió da testimonio de Mí."

[19] Entonces Le decían: "¿Dónde está Tu Padre?" "Ustedes no Me conocen a Mí ni a Mi Padre," les respondió Jesús. "Si Me conocieran, conocerían también a Mi Padre."

[20] Estas palabras las pronunció en el *lugar del* tesoro, cuando enseñaba en el templo; y nadie Lo prendió, porque todavía no había llegado Su hora.

[21] Entonces Jesús les dijo de nuevo: "Yo me voy, y Me buscarán, y ustedes morirán en su pecado; adonde Yo voy, ustedes no pueden ir."

[22] Por eso los Judíos decían: "¿Acaso se va a suicidar, puesto que dice: 'Adonde Yo voy, ustedes no pueden ir'?"

[23] Y Jesús les decía: "Ustedes son de abajo, Yo soy de arriba; ustedes son de este mundo, Yo no soy de este mundo.

[24] Por eso les dije que morirán en sus pecados; porque si no creen que

ACLARACIÓN

En Juan 8:24, Jesús dice que ellos deben creer que Él es "Yo soy", esta frase hace referencia al nombre que Dios usó para Sí mismo en el Antiguo Testamento, en el libro de Éxodo. Este es el nombre que Dios le dio a Moisés cuando él le preguntó Su nombre en la zarza ardiente. La respuesta de Dios fue, "Yo soy... Éste es mi nombre para siempre a todas las generaciones". En otras palabras, Jesús está diciéndoles a los judíos que Él es Dios, uno con el Padre.

DISCUTE

• ¿Qué aprendiste acerca de Jesucristo en este pasaje?

• ¿Qué aprendiste acerca de los judíos/ fariseos?

• ¿Qué tenían que creer los fariseos para no morir en sus pecados? Si eso es cierto para ellos, ¿crees que también sea cierto para ti?

OBSERVA

*Líder: Lee los pasajes de las Escrituras que están en las columnas, al margen de las páginas 21-24; comenzando con Números 32:23. Como se hizo anteriormente, el grupo debe marcar la palabra **pecado** y cualquier referencia a **los que practican tales cosas**. También haz que marquen cualquier sinónimo de **pecado**.*

Asegúrate que el grupo diga en voz alta la palabra "pecado" o sus sinónimos cada vez que la vean.

DISCUTE

• ¿Qué dice Números 32:23 acerca del pecado?

Yo soy, morirán en sus pecados."

Juan 8:44

Ustedes son de su padre el diablo y quieren hacer los deseos de su padre. Él fue un asesino desde el principio, y no se ha mantenido en la verdad porque no hay verdad en él. Cuando habla mentira, habla de su propia naturaleza, porque es mentiroso y el padre de la mentira.

Números 32:23

Pero si no lo hacen así, miren, habrán pecado ante el Señor, y tengan por seguro que su pecado los alcanzará.

1 Corintios 6:9-11

⁹ ¿O no saben que los injustos no heredarán el reino de Dios? No se dejen engañar: ni los inmorales, ni los idólatras, ni los adúlteros, ni los afeminados, ni los homosexuales,

¹⁰ ni los ladrones, ni los avaros, ni los borrachos, ni los difamadores, ni los estafadores heredarán el reino de Dios.

¹¹ Y esto eran algunos de ustedes; pero fueron lavados, pero fueron santificados, pero fueron justificados en el nombre del Señor Jesucristo y en el Espíritu de nuestro Dios.

• ¿Alguna vez has tratado de ocultar algo que hiciste y que sabes que no deberías haber hecho? ¿Cómo llamaría Dios a lo que has hecho? Según lo que vemos en este versículo ¿crees que alguno puede esconder su pecado de Dios?

• ¿Qué sinónimo(s) para pecado hay en Gálatas 5:19-21?

• ¿Qué pecados específicos se enumeran en 1 Corintios 6:9-11, Gálatas 5:19-21, y Apocalipsis 21:8? Subraya cada uno de los pecados para asegurarte de que no se te pase por alto ninguno.

ACLARACIÓN

Orgías — fiestas de borracheras.

Disensiones — estar separado uno del otro, oposición, contrariedad.

Afeminado — no sólo referente a hombres, sino cualquier persona que es culpable de adicción a pecados sexuales; una persona que permite ser abusada sexualmente de forma contraria a lo natural. Podría incluir el travestirse.

Rivalidades — envidia, celos.

Enemistades — tener enemigos, odios.

Herejías — tomar partido, o posturas contrarias.

Inmorales — un persona que se entretiene con prácticas sexuales ilícitas. Incluye adulterio, incesto, bestialidad, pornografía.

Difamadores — personas con vocabulario ofensivo.

Sensualidad — lujuria no controlada, carencia de autocontrol.

Hechicería/brujería — uso de drogas para propósitos no médicos o de magia.

Gálatas 5:19-21

[19] Ahora bien, las obras de la carne son evidentes, las cuales son: inmoralidad, impureza, sensualidad,

[20] idolatría, hechicería, enemistades, pleitos, celos, enojos, rivalidades, disensiones, herejías,

[21] envidias, borracheras, orgías y cosas semejantes, contra las cuales les advierto, como ya se lo he dicho antes, que los que practican tales cosas no heredarán el reino de Dios.

Apocalipsis 21:8

"Pero los cobardes, incrédulos, abominables, asesinos, inmorales, hechiceros, idólatras, y todos los mentirosos tendrán su herencia en el lago que arde con fuego y azufre, que es la muerte segunda."

Apocalipsis 20:14

La Muerte y el Hades fueron arrojados al lago de fuego. Esta es la muerte segunda: el lago de fuego.

Romanos 6:23

Porque la paga del pecado es muerte, pero la dádiva de Dios es vida eterna en Cristo Jesús Señor nuestro.

Líder: Discute estos pecados usando las definiciones del cuadro de aclaración de la página 23, a fin de ayudar a aclarar sus significados.

• ¿Observas algunos de estos pecados en el mundo de hoy? ¿Cómo? ¿Dónde? ¿Acaso son definidos y llamados "pecados" por el mundo?

• ¿Qué consecuencias puedes ver que se sufren por causa del pecado, de acuerdo a estos pasajes?

• ¿Qué contraste ves en 1 Corintios 6:11? ¿Cómo ocurrió este cambio? Repasa el significado de la palabra *justificado*. (Se discutió en la Primera Semana). ¿Hay esperanza para aquellos que son "esclavos del pecado"?

• De acuerdo a Apocalipsis 20:14, ¿cuál es la "muerte segunda"?

• ¿Qué describe Romanos 6:23 como "paga" o retribución por el pecado?

• ¿A qué clase de muerte crees que se está refiriendo este versículo? ¿Podría ser simplemente la muerte física? Nota el contraste entre el pecado y lo que hemos visto sobre sus consecuencias en los versículos anteriores. También, vuelve a la Primera Semana y busca otra vez Romanos 5:9. ¿Crees que hay alguna relación entre la "ira de Dios" y el lago de fuego, la muerte segunda?

Líder: Desafía a los estudiantes a detenerse y considerar lo que les sucedería si murieran hoy. ¿Dónde estarían? La Biblia nos dice que está establecido para el hombre que muera una vez y después de esto el juicio (Hebreos 9:27).

FINALIZANDO

¿Qué has aprendido acerca del pecado en tu vida y cómo afecta tu relación con Dios? ¿Qué te sucederá si mueres en tus pecados? ¿Piensas que Dios habla en serio acerca del pecado y sus consecuencias?

La próxima vez que escuches una broma sobre las cosas que Dios juzga como pecado, sólo recuerda que el pecado es serio, con consecuencias eternas. De acuerdo a lo que Dios dice, puede incluso impedir que nunca experimentes la vida.

No obstante, amigo, hay esperanza. ¡Hay socorro! Se ha preparado un camino para ti y para mí, para estar bien con Dios y para ser aceptados por Él. Dios ha provisto un camino para que nosotros seamos rescatados de la enemistad que crea el pecado. La reconciliación es posible, si vienes a Dios según Sus preceptos. Esas son las buenas nuevas que veremos la próxima semana.

La semana pasada aprendimos acerca del pecado. Vimos dónde se originó, quién es culpable y cuál es su castigo. Aprendimos que es una realidad desagradable y aterradora saber que todos hemos pecado y que el castigo por el pecado es la muerte. A lo mejor te estarás preguntando si hay luz al final del túnel y la respuesta es, ¡sí, la hay! Dios es un Dios fiel, amoroso y perdonador, que ofrece esperanza para todo el que cree en las buenas nuevas. ¡Son las buenas nuevas del evangelio las que te introducen a una relación genuina con Dios!

No tienes que ser esclavo del pecado. Ya que puedes reconciliarte con Dios.

Esta semana vamos a estudiar lo que es el evangelio y cómo nos puede librar de la esclavitud y el castigo del pecado.

OBSERVA

La epístola de 1 Corintios fue escrita por el apóstol Pablo y como tal, su primera carta a la iglesia de Corinto. La cultura y la moral en Corinto eran muy parecidas a las de hoy.

*Líder: Lee 1 Corintios 15:1-10 y pide al grupo que marque cada referencia a la palabra **evangelio** con un megáfono como éste:⟨___⟩. También pide que marquen todos sus sinónimos y las palabras **cual** y **lo mismo**, si se refieren al evangelio. Pide al grupo diga "evangelio" en voz alta cada vez que lo vean.*

1 Corintios 15:1-10

[1] Ahora les hago saber, hermanos, el evangelio que les prediqué (anuncié), el cual también ustedes recibieron, en el cual también están firmes,

[2] por el cual también son salvos, si retienen la palabra que les prediqué (anuncié), a no ser que hayan creído en vano.

³ Porque yo les entregué en primer lugar lo mismo que recibí: que Cristo murió por nuestros pecados, conforme a las Escrituras;

⁴ que fue sepultado y que resucitó al tercer día, conforme a las Escrituras;

⁵ que se apareció a Cefas (Pedro) y después a los doce.

⁶ Luego se apareció a más de 500 hermanos a la vez, la mayoría de los cuales viven aún, pero algunos ya duermen (murieron).

⁷ Después se apareció a Jacobo (Santiago), luego a todos los apóstoles.

⁸ Y al último de todos, como a uno nacido fuera de tiempo, se me apareció también a mí.

*Líder: Pide que el grupo lea el texto nuevamente. Esta vez pídeles que hagan un círculo en cada referencia a los **Corintios** (a quienes Pablo está escribiendo) y que marquen cada referencia a **Jesucristo**, incluyendo todos los pronombres, con una cruz.*

DISCUTE

• ¿Qué aprendes en los versículos 1-2 al marcar todas las referencias a los Corintios y al evangelio?

• En los versículos 3-4, Pablo hace un bosquejo del mensaje del evangelio. ¿Cuál era el mensaje del evangelio que Pablo predicó?

• ¿Cuáles son sus puntos principales?

- Al leer los versículos 3-4, ¿observaste qué frase es la que se repite? Márcala de manera resaltada.

[9] Porque yo soy el más insignificante de los apóstoles, que no soy digno de ser llamado apóstol, pues perseguí a la iglesia de Dios.

- ¿Cuáles fueron las dos cosas que sucedieron "conforme a las Escrituras"?

[10] Pero por la gracia de Dios soy lo que soy, y Su gracia para conmigo no resultó vana. Antes bien he trabajado mucho más que todos ellos, aunque no yo, sino la gracia de Dios en mí.

- De acuerdo a los versículos 4-9, ¿qué eventos se llevaron a cabo que probaron que estas dos cosas ocurrieron realmente?

ACLARACIÓN

Cuando el texto dice "conforme a las Escrituras", Pablo se está refiriendo al Antiguo Testamento, porque cuando él escribió 1 Corintios, el Nuevo Testamento no estaba todavía completo. Así que, Dios nos está diciendo que estas verdades, estos puntos del evangelio, están contenidos en el Antiguo Testamento.

• La semana pasada, cuando estudiamos Romanos 6:23, ¿qué aprendiste acerca del pecado?

• El autor de Romanos hace un contraste entre la paga del pecado y el regalo de Dios en Cristo Jesús. De acuerdo al evangelio, ¿quién pagó por tus pecados? ¿Cómo fue pagada la deuda?

---

2 Corintios 5:14-21

[14] Pues el amor de Cristo nos apremia (nos controla), habiendo llegado a esta conclusión: que Uno murió por todos, y por consiguiente, todos murieron.

[15] Y por todos murió, para que los que viven, ya no vivan para sí, sino para Aquél que murió y resucitó por ellos.

OBSERVA

Veamos otro pasaje para entender mejor lo que la muerte y resurrección de Jesús logró para ti y para mí.

*Líder: Lee en voz alta 2 Corintios 5:14-21 y pide que el grupo marque toda referencia a **Cristo** y los pronombres que se refieren a Él. Asegúrate que ellos digan "**Jesús**" en voz alta cada vez que encuentren una palabra que se refiera a Él.*

También encierra en un círculo las palabras que se refieren a nosotros, nos y sus referencias verbales.

DISCUTE

Una de las formas más efectivas para descubrir de qué está hablando un pasaje es hacerle preguntas al texto usando las "seis preguntas básicas" — ¿Quién? ¿Qué? ¿Cómo? ¿Cuándo? ¿Dónde? ¿Por qué? Interroga este pasaje para aprender todo lo que puedas acerca de Jesucristo.

• ¿Qué hizo Cristo de acuerdo a este pasaje?

• ¿Para quién lo hizo?

• ¿Por qué Jesús se hizo pecado a nuestro favor, según el versículo 21?

• ¿Qué aprendiste al marcar las palabras *nosotros, nos* y sus referencias verbales?

• ¿Crees que esto tenga algo que ver contigo?

¹⁶ De manera que nosotros de ahora en adelante ya no conocemos a nadie según la carne. Aunque hemos conocido a Cristo según la carne, sin embargo, ahora ya no Lo conocemos así.

¹⁷ De modo que si alguno está en Cristo, nueva criatura (nueva creación) es; las cosas viejas pasaron, ahora han sido hechas nuevas.

¹⁸ Y todo esto procede de Dios, quien nos reconcilió con Él mismo por medio de Cristo, y nos dio el ministerio de la reconciliación;

¹⁹ es decir, que Dios estaba en Cristo reconciliando al mundo con Él mismo, no tomando en cuenta a los hombres sus transgresiones, y nos

ha encomendado a nosotros la palabra de la reconciliación.

²⁰ Por tanto, somos embajadores de Cristo, como si Dios rogara por medio de nosotros, en nombre de Cristo les rogamos: ¡Reconcíliense con Dios!

²¹ Al que no conoció pecado, Lo hizo pecado por nosotros, para que fuéramos hechos justicia de Dios en Él.

- De acuerdo al verso 17, ¿qué cambios ocurren cuando estamos en Cristo?

ACLARACIÓN

En Cristo — Este término es usado para describir la posición y el estado de una persona que ha creído las buenas nuevas (el evangelio) y las ha guardado en su corazón, acogiendo el evangelio para sí mismo.

OBSERVA

Probablemente has notado una palabra clave que se repite en este pasaje: La palabra *reconcilió* junto con sus otras formas, *reconciliando* y *reconciliación*. Esta es una palabra que observaste en nuestro estudio de la Primera Semana cuando vimos Romanos 5. Recuerda que este término significa cambiar de estar en enemistad (enemigos) o separados, para llegar a ser amigos. Denota un cambio de relación.

Líder: Pide al grupo que marque **reconciliación** *y sus variantes de esta forma* ⟩⟨ *al leer una vez más 2 Corintios 5:14-21.*

DISCUTE

- ¿Qué aprendiste al marcar estas referencias a reconciliación? Contesta cuantas preguntas te sea posible usando las seis preguntas básicas, por ejemplo: ¿Quién se reconcilió con quién? ¿Quién dio inicio a ello? ¿Cómo fue hecho? ¿Cuál fue el resultado?

  Procura analizar este tema lo más profundamente posible. Te será de bendición y un reto, pues también debes notar cuál es el papel del cristiano en la reconciliación.

- Después de estudiar el pecado y la paga del pecado, ¿por qué es importante que Dios no haya contado nuestras transgresiones contra nosotros?

- ¿Cuál es el "ministerio de la reconciliación"? (Observa cuál fue el ministerio de Pablo en el versículo 20).

- ¿Por qué crees que habría tal urgencia de decirle a otros que se reconciliaran con Dios? ¿Encuentras difícil hacer esto?

- Si es así, no estás solo. Si tienes tiempo, discutan esto como grupo. Aprendan uno del otro, así se ayudarán mutuamente a vencer la timidez.

FINALIZANDO

Entonces, ¿qué vas a hacer con el conocimiento que has adquirido estas últimas cuatro semanas? ¿Creerás a Dios y Su Palabra? ¿Estás dispuesto a tener un cambio genuino de pensamiento (la Biblia lo llama "arrepentimiento") con respecto a tu forma de pensar acerca de Dios y de ti mismo? ¿Crees que eres pecador? ¿Creerás por fe a Dios y Su Palabra y creerás que la muerte de Jesús pagó por todos tus pecados?

Cuando una persona se arrepiente genuinamente, este cambio de mente lo lleva a un cambio de conducta. Ya no caminarás como una "oveja [que] se ha descarriado" ni como alguien que "se aparta por su propio camino" (Isaías 53:6). Una vez que estés dispuesto a arrepentirte, debes creer que Dios cumple lo que dice hacer. Dile a Dios que recibirás a Jesucristo como tu Señor y Salvador. Al hacer esto, mi amigo, Dios te salvará del castigo de tus pecados y te dará la capacidad de ser salvado del poder del pecado.

Si éste es tu deseo, dile a Dios que quieres que te rescate de tu esclavitud del pecado. Tú no puedes rescatarte a ti mismo, pero Dios sí puede rescatarte — y Él lo hará si tan sólo se lo pides. Agradece a Dios por enviar a Su Hijo - al Señor Jesucristo, Dios hecho carne — a morir por tus pecados. Da gracias a Dios por haber levantado a Jesucristo de la muerte y dile que quieres caminar en la vida nueva que Jesús ganó para ti a través de Su muerte, sepultura y resurrección.

Ahora bien, si tú ya eres un cristiano genuino, te pregunto: ¿estás viviendo como una nueva criatura? O ¿sigues llevando las ataduras del pasado? ¿Lo que hiciste en el pasado — y lo que eras en el pasado — te está alejando de caminar en la libertad de Su perdón? Sí es así, debes recordar lo que acabas de aprender:

"De ahora en adelante ya no conocemos a nadie según la carne" (2 Corintios 5:16) — ¡Eres una nueva criatura! Todas las cosas viejas pasaron y todas las cosas han sido hechas nuevas. Ahora, vive en conformidad a la Palabra.

Las relaciones genuinas están basadas en el conocimiento, la verdad. Por consiguiente, es importante que conozcas cómo el castigo por tus pecados puede ser pagado totalmente.

De acuerdo al estudio de la semana pasada, aprendimos que Jesucristo murió por nuestros pecados. Él fue hecho pecado por nosotros y murió en nuestro lugar. Pero, ¿quién era este Jesús que pudo pagar por nuestros pecados? ¿Cómo sabemos que Su muerte resultó en el pago por castigo de nuestros pecados? Busquemos varios pasajes que nos hablan de quién fue Jesús y por qué Él pudo morir en nuestro lugar.

Para poder ser nuestro sustituto, Jesús tuvo que ser sin pecado. Si Él hubiera nacido en pecado o cometido pecado, hubiera tenido que morir por Sus propios pecados, porque la paga del pecado es muerte.

OBSERVA

*Líder: Lee en voz alta Romanos 5:12 y Mateo 1:18-23, impresos en las columnas de al lado; una vez más pide al grupo que marque toda referencia a **Jesucristo** y todo pronombre y sinónimo que se refiera a Él (por ejemplo: **hijo**).*

Romanos 5:12

Por tanto, tal como el pecado entró en el mundo por medio de un hombre, y por medio del pecado la muerte, así también la muerte se extendió a todos los hombres, porque todos pecaron.

DISCUTE

• De acuerdo a Romanos 5:12, ¿cómo pasó la muerte a todos los hombres? ¿A través de quién?

Mateo 1:18-23

18 El nacimiento de Jesucristo fue como sigue:

Estando Su madre María comprometida para casarse con José, antes de que se llevara a cabo el matrimonio, se halló que había concebido por *obra del* Espíritu Santo.

[19] Entonces José su marido, siendo un hombre justo y no queriendo denunciarla públicamente, quiso abandonarla en secreto.

[20] Pero mientras pensaba en esto, se le apareció en sueños un ángel del Señor, diciéndole: "José, hijo de David, no temas recibir a María tu mujer, porque el Niño que se ha engendrado en ella es del Espíritu Santo.

[21] Y dará a luz un Hijo, y Le pondrás por nombre Jesús, porque El salvará a Su pueblo de sus pecados."

- De acuerdo a Mateo 1:18-20, ¿cómo concibió María a Jesús?

- ¿Pudo haber tenido Jesús pecado dentro de Él mismo? ¿Nació Él de hombre, de esperma humano? ¿Quién fue el Padre de Jesucristo?

- ¿Qué hará Jesús de acuerdo a Mateo 1:21? ¿Podría haber hecho Él eso si hubiera sido un pecador?

OBSERVA

*Líder: Lee en voz alta Hebreos 2:14-15 y pide al grupo que marque la palabra **Cristo** como lo hicieron en los pasajes anteriores.*

DISCUTE

• De acuerdo a Hebreos 2:14-15, ¿cuáles son las dos razones por las que Jesús se hizo hombre, un ser humano de carne y sangre?

• En base a nuestro estudio anterior, ¿quién está en esclavitud? ¿Por qué hay temor a la muerte? ¿Qué hace que la muerte sea tan temible? ¿No es eso lo que nos espera si nuestros pecados no han sido pagados por completo?

• El pecado le da poder a Satanás, pero si nuestros pecados han sido perdonados, ¡Por consiguiente, Satanás no tiene poder sobre nosotros! ¡Asombroso!

[22] Todo esto sucedió para que se cumpliera lo que el Señor había hablado por medio del profeta (Isaías), diciendo:

[23] "HE AQUÍ, LA VIRGEN CONCEBIRÁ Y DARÁ A LUZ UN HIJO, Y LE PONDRÁN POR NOMBRE EMMANUEL," que traducido significa: "DIOS CON NOSOTROS."

Hebreos 2:14-15

[14] Así que, por cuanto los hijos participan de carne y sangre, también Jesús participó de lo mismo, para anular mediante la muerte el poder de aquél que tenía el poder de la muerte, es decir, el diablo,

[15] y librar a los que por el temor a la muerte, estaban sujetos a esclavitud durante toda la vida.

Hebreos 10:4-10

⁴ Porque es imposible que la sangre de toros y de machos cabríos quite los pecados.

⁵ Por lo cual, al entrar Cristo en el mundo, dice: "SACRIFICIO Y OFRENDA NO HAS QUERIDO, PERO UN CUERPO HAS PREPARADO PARA MÍ;

⁶ EN HOLOCAUSTOS Y *sacrificios* POR EL PECADO NO TE HAS COMPLACIDO.

⁷ ENTONCES DIJE: 'AQUÍ ESTOY, YO HE VENIDO (EN EL ROLLO DEL LIBRO ESTA ESCRITO DE MÍ) PARA HACER OH DIOS, TU VOLUNTAD.'"

⁸ Habiendo dicho anteriormente: "*Sacrificios* Y OFRENDAS Y HOLOCAUSTOS, Y *sacrificios* POR EL PECADO NO HAS QUERIDO,

OBSERVA

Líder: Lee Hebreos 10:4-10 y Juan 1:29. Una vez más pide al grupo que marque cada pronombre referente a Jesucristo en estos versículos. También marca toda referencia a pecado.

ACLARACIÓN

El libro de Levítico, en el Antiguo Testamento, nos dice que sin derramamiento de sangre no hay remisión (o quitar) de pecado (Levítico 17:11).

Hasta la muerte de Jesucristo se sacrificaban animales y su sangre era usada para cubrir los pecados del hombre.

DISCUTE

• ¿Qué aprendiste de Hebreos 10:4-10 acerca de Jesucristo y la razón por la que vino? ¿Qué hizo Jesús que los sacrificios de animales no podían hacer? ¿Cómo lo hizo?

• Ser santificado significa ser apartado para Dios. ¿Cómo somos santificados?

ni en ellos TU TE HAS COMPLACIDO" (los cuales se ofrecen según la Ley),

[9] entonces dijo: "HE AQUÍ, YO HE VENIDO PARA HACER TU VOLUNTAD." El quita lo primero para establecer lo segundo.

• ¿Qué sucede con los sacrificios de animales una vez que Jesucristo vino? ¿Por qué?

[10] Por esa voluntad hemos sido santificados mediante la ofrenda del cuerpo de Jesucristo *ofrecida* una vez para siempre.

Juan 1:29

Al día siguiente Juan vio a Jesús que venía hacia él, y dijo: "Ahí está el Cordero de Dios que quita el pecado del mundo.

• ¿Cómo encajan los pasajes de Hebreos con lo que Juan el Bautista dijo acerca de Jesús?

2 Corintios 5:21

Al que no conoció pecado, Lo hizo pecado por nosotros, para que fuéramos hechos justicia de Dios en Él.

1 Juan 2:2

El mismo es la propiciación por nuestros pecados, y no sólo por los nuestros, sino también por *los* del mundo entero.

Romanos 4:25

...que fue entregado por causa de nuestras transgresiones y resucitado para nuestra justificación.

OBSERVA

Líder: Lee en voz alta los pasajes impresos en la columna de al lado. Pide al grupo que marque la palabra Cristo y todos los pronombres referentes a Él con una cruz, tal como lo hicieron anteriormente.

ACLARACIÓN

Propiciación - satisfacción, tal como pagar una deuda.

Transgresión - apartarse, desviarse, un traspié, quebrantar una ley.

Justificación - absuelto, declarado sin culpa.

DISCUTE

- Lean juntos el cuadro de aclaración, luego discutan lo que han aprendido acerca de Jesús en estos pasajes. Discutan estos puntos uno por uno y noten los beneficios que se reciben si verdaderamente han creído en Jesucristo y si han recibido a Cristo como Señor y Salvador.

• Sólo para estar seguro de que no pases por alto esta maravillosa verdad, recuerda que 1 Juan 2:2 nos dice que Jesús Mismo es la "propiciación". ¿Para qué era la propiciación? ¿Para quién era?

• Recuerda la definición de la palabra *propiciación*. Luego, trae a la memoria Romanos 6:23 y la deuda que debía ser pagada. Mira si alguien puede repetir este versículo de memoria ("Porque la paga del pecado es muerte, pero la dádiva de Dios es vida eterna en Cristo Jesús Señor nuestro" — Romanos 6:23).

• Entendiendo que la muerte es la paga del pecado, ¿qué deuda pagó Jesús y cómo lo hizo?

• De acuerdo a Romanos 4:25, ¿por qué fue entregado Jesús? Busca la definición para justificación. ¿Por qué Jesús fue resucitado? ¿Fue pagada nuestra deuda? ¿Qué lo evidencia?

FINALIZANDO

La prueba de nuestra justificación es la resurrección de Jesucristo de la muerte. Aún así algunos dicen, "¡El que Jesús se haya levantado de la muerte, es tan falso como el que Él haya nacido de una virgen!" Si Jesús hubiera tenido un padre humano y hubiera sido un hombre común como el resto de nosotros, entonces no tendríamos "el Cordero sin tacha y sin mancha" (1 Pedro 1:19) para hacer expiación por nuestros pecados.

La sangre de los toros y los machos cabríos no puede quitar nuestro pecado, ni tampoco puede hacerlo la sangre impura de un hombre pecaminoso. Un pecador no puede morir por otro pecador y ganar su redención. El nacimiento virginal es esencial para nuestra salvación y tú debes asirte de esto si quieres tener una relación verdadera con Dios. No puedes tener una relación genuina con alguien en quien no crees. Por lo tanto, debes escoger: ¿Creerás la Palabra de Dios o el razonamiento o argumentos de los hombres?

Jesús pagó por tus pecados. Él murió en tu lugar. Sin embargo, de acuerdo al evangelio, Jesús no permaneció muerto: "Él fue resucitado al tercer día, conforme a las Escrituras" (1 Corintios 15:4). La resurrección de Jesucristo es nuestra confirmación y nuestra garantía de que la santidad y justicia de Dios fueron totalmente satisfechas por la muerte de Su Hijo.

Entonces, ¿qué acerca de aquellos que no creen en la resurrección, aquellos que dicen que no hay resurrección? Si ellos están en lo correcto, ¿qué sería cierto acerca de nosotros? Pablo menciona este problema en 1 Corintios 15:12-19. Examinémoslo, ya que entenderlo es crucial para tener una relación genuina con Dios.

OBSERVA

*Líder: Lee en voz alta 1 Corintios 15:12-19 y pide al grupo que marque toda referencia a la **resurrección** de Jesucristo: ↑ (o la falta de ésta):* ↑̶ *. Marca cada referencia a **Cristo** con una cruz.*

DISCUTE

Líder: Pide al grupo que lea estos versículos uno por uno y enumere todas las cosas que serían ciertas si Jesucristo no hubiera resucitado de la muerte.

1 Corintios 15:12-19

¹² Ahora bien, si se predica que Cristo (el Mesías) ha resucitado de entre los muertos, ¿cómo dicen algunos entre ustedes que no hay resurrección de muertos?

¹³ Y si no hay resurrección de muertos, *entonces* ni siquiera Cristo ha resucitado;

[14] y si Cristo no ha resucitado, vana es entonces nuestra predicación, y vana también la fe de ustedes.

[15] Aún más, somos hallados testigos falsos de Dios, porque hemos testificado contra Dios que El resucitó a Cristo, a quien no resucitó, si en verdad los muertos no resucitan.

[16] Porque si los muertos no resucitan, entonces ni siquiera Cristo ha resucitado;

[17] y si Cristo no ha resucitado, la fe de ustedes es falsa; todavía están en sus pecados.

[18] Entonces también los que han dormido (han muerto) en Cristo están perdidos.

[19] Si hemos esperado en Cristo para esta vida solamente, somos, de todos los hombres, los más dignos de lástima.

• Si Jesús no hubiera resucitado de la muerte, ¿en qué situación estarías con respecto a tus pecados? Y ¿qué de aquellos que murieron antes que tú? ¿Qué les ha pasado a ellos?

• De acuerdo al versículo 19, si Jesús no resucitó, ¿por qué seríamos — de todas las personas — los más dignos de lástima?

OBSERVA

*Líder: Lee en voz alta Juan 11:25-26 y pide al grupo que marque la palabra **resurrección** así ↑ como lo han hecho antes.*

Juan 11:25-26

²⁵ Jesús le contestó: "Yo soy la resurrección y la vida; el que cree en Mí, aunque muera, vivirá,

²⁶ y todo el que vive y cree en Mí, no morirá jamás. ¿Crees esto?"

DISCUTE

• De acuerdo a estos versículos, ¿cómo se describe Jesús a sí Mismo?

• ¿Cuál es nuestra garantía si creemos en Él?

• Sin embargo, si Jesús no resucitó de la muerte después de haber prometido hacerlo, ¿en qué convierte esto a Jesucristo?

• Repasa los puntos principales del evangelio y la evidencia de aquellos eventos que estudiaste en 1 Corintios 15:1-10. ¿Hubo confirmación de que Cristo resucitó de la muerte? ¿Cuál fue?

Romanos 10:1-13

¹ Hermanos, el deseo de mi corazón y mi oración a Dios por ellos es para su salvación.

² Porque yo testifico a su favor de que tienen celo de Dios, pero no conforme a un pleno conocimiento.

³ Pues desconociendo la justicia de Dios y procurando establecer la suya propia, no se sometieron a la justicia de Dios.

⁴ Porque Cristo es el fin de la ley para justicia a todo aquél que cree.

⁵ Pues Moisés escribe que el hombre que practica la justicia que es de la ley, vivirá por ella.

• Ya has examinado la Palabra de Dios, pudiste ver que la Biblia enseña que Jesús resucitó de la muerte y que por lo tanto, hay resurrección de la muerte para todos los que están en Cristo. Entonces, ¿vas a creer a la Biblia o a los hombres? Tú tienes la Palabra de Dios y conoces el evangelio, ¿qué vas a hacer con él?

OBSERVA

*Líder: Lee en voz alta Romanos 10:1-13. Pide a los estudiantes que coloquen una **J** grande sobre cada referencia a **justicia**. También marca toda referencia a **Jesucristo**.*

ACLARACIÓN

La palabra *Señor* en este pasaje significa "supremo en autoridad, amo".

Justicia es lo opuesto a infringir la ley, es todo lo que está de acuerdo a sus mandamientos y directrices".

DISCUTE

Líder: *Pide al grupo que identifique las dos clases de justicia contrastadas en Romanos 10:1-6.*

Dos Clases de Justicia:

Justicia de

_____

Justicia de

_____

• ¿Qué clase de justicia busca la mayoría de la gente? ¿Qué cosas hacen para conseguirla? ¿Qué acerca de ti?

6 Pero la justicia que es de la fe, dice así: "NO DIGAS EN TU CORAZÓN: '¿QUIÉN SUBIRÁ AL CIELO?' Esto es, para hacer bajar a Cristo,

7 o '¿Quién descenderá al abismo?' Esto es, para subir a Cristo de entre los muertos."

8 Pero, ¿qué dice? "CERCA DE TI ESTÁ LA PALABRA, EN TU BOCA Y EN TU CORAZÓN," es decir, la palabra de fe que predicamos:

9 que si confiesas con tu boca a Jesús *por* Señor, y crees en tu corazón que Dios Lo resucitó de entre los muertos, serás salvo.

10 Porque con el corazón se cree para justicia, y con la boca se confiesa para salvación.

[11] Pues la Escritura dice: "TODO EL QUE CREE EN ÉL NO SERÁ AVERGONZADO."

[12] Porque no hay distinción entre Judío y Griego, pues el mismo *Señor* es Señor de todos, abundando en riquezas para todos los que Le invocan;

[13] porque: "TODO AQUEL QUE INVOQUE EL NOMBRE DEL SEÑOR SERÁ SALVO."

• De acuerdo a todo lo que has estudiado, ¿Ha descendido ya Jesucristo a la tierra? ¿Ha sido ya levantado de la muerte?

OBSERVA

Líder: Lee en voz alta Efesios 2:8-9. "La Gracia" no se puede ganar, es un favor inmerecido que proviene de Dios.

DISCUTE

- ¿Qué paralelo hay entre Efesios 2:8-9 con lo dicho en Romanos 10?

- De acuerdo a Romanos 10, ¿qué debe hacer una persona para ser salva? ¿En qué debe creer? ¿Qué debe confesar?

- ¿De qué te salvará una creencia y una confesión semejante? (Piensa en todo lo que has estudiado en las semanas anteriores, comenzando con Romanos 5:9 en la Primera Semana).

Efesios 2:8-9

[8] Porque por gracia ustedes han sido salvados por medio de la fe, y esto no procede de ustedes, *sino que es* don de Dios;

[9] no por obras, para que nadie se gloríe.

• Si Jesús es Señor—si Él es Dios—¿de qué debería Él tener autoridad sobre tu vida?

• ¿Estás listo para darle a Cristo el control total de tu vida? Si no es así, ¿por qué no? A la luz de todo lo que Dios y Jesucristo han hecho a tu favor, ¿no piensas que puedes confiar en Dios como tu Padre, y en Jesús como tu Señor?

• Jesús confió en que Dios lo levantaría de la muerte. Tú también puedes confiar en que Jesús hará lo mismo - Él es la resurrección y la vida. ¿Crees en esto?

FINALIZANDO

Si Jesús no hubiera resucitado, no habría justificación para nuestros pecados, y nosotros, de todas las personas, seríamos los más dignos de lástima porque moriríamos en nuestros pecados, Sin embargo, Jesús declaró que Él era la resurrección y la vida y muchos testigos lo vieron después de Su muerte. Con las propias palabras de Jesús te planteo la siguiente pregunta: "¿Crees esto?" Si es así, puedes estar seguro que vivirás aunque mueras y todo el que vive y cree en Él no morirá. (Juan 11:26). En otras palabras, nunca experimentarás la muerte segunda, porque has pasado de muerte a vida al creer en el Señor Jesucristo. Así pues, tú tienes una relación genuina con Dios, tu Padre eterno y perteneces a Su familia eterna. ¡Una verdadera comunidad!

Entonces, ¿cómo has de saber lo que Dios "manda o designa" para que puedas hacer los cambios necesarios? Pues bien, la Biblia es lo que Dios nos ha dado para que sepamos cómo quiere Él que vivamos. Debes estudiarla y conocer lo que dice para que puedas vivir como un "¡creyente genuino!"

Ministerios Precepto Internacional existe para este propósito. Tenemos una variedad de formas para ayudarte a aprender cómo estudiar la Palabra de Dios por ti mismo y para crecer más y más a Su semejanza. Escríbenos a P.O. Box 182218, Chattanooga, TN 37422 o comunícate con las oficinas de Precepto en tu país.

Esta singular serie de estudios bíblicos del equipo de enseñanza de Ministerios Precepto Internacional, aborda temas con los que luchan las mentes investigadoras y lo hace en breves lecciones muy fáciles de entender e ideales para reuniones de grupos pequeños. Estos cursos de estudio bíblico, de la serie 40 minutos, pueden realizarse siguiendo cualquier orden. Sin embargo, a continuación te mostramos una posible secuencia a seguir:

¿Cómo Sabes que Dios es Tu Padre?

Muchos dicen: "Soy cristiano"; pero, ¿cómo pueden saber si Dios realmente es su Padre—y si el cielo será su futuro hogar? La epístola de 1 Juan fue escrita con este propósito—que tú puedas saber si realmente tienes la vida eterna. Éste es un esclarecedor estudio que te sacará de la oscuridad y abrirá tu entendimiento hacia esta importante verdad bíblica.

Ser un Discípulo: Considerando Su Verdadero Costo

Jesús llamó a Sus seguidores a ser discípulos. Pero el discipulado viene con un costo y un compromiso incluido. Este estudio da una mirada inductiva a cómo la Biblia describe al discípulo, establece las características de un seguidor de Cristo e invita a los estudiantes a aceptar Su desafío, para luego disfrutar de las eternas bendiciones del discipulado.

¿Vives lo que Dices?

Este estudio inductivo de Efesios 4 y 5, está diseñado para ayudar a los estudiantes a que vean por sí mismos, lo que Dios dice respecto al estilo de vida de un verdadero creyente en Cristo. Este estudio los capacitará para vivir de una manera digna de su llamamiento; con la meta final de desarrollar un andar diario con Dios, caracterizado por la madurez, la semejanza a Cristo y la paz.

Viviendo Una Vida de Verdadera Adoración

La adoración es uno de los temas del cristianismo peor entendidos; este estudio explora lo que la Biblia dice acerca de la adoración: ¿qué es? ¿Cuándo sucede? ¿Dónde ocurre? ¿Se basa en las emociones? ¿Se limita solamente a los domingos en la iglesia? ¿Impacta la forma en que sirves al Señor? Para éstas y más preguntas, este estudio nos ofrece respuestas bíblicas novedosas.

Edificando un Matrimonio que en Verdad Funcione

Dios diseñó el matrimonio para que fuera una relación satisfactoria y realizadora; creando a hombres y mujeres para que ellos—juntos y como una sola carne—pudieran reflejar Su amor por el mundo. El matrimonio, cuando es vivido como Dios lo planeó, nos completa, nos trae gozo y da a nuestras vidas un fresco significado. En este estudio, los lectores examinarán el diseño de Dios para el matrimonio y aprenderán cómo establecer y mantener el tipo de matrimonio que trae gozo duradero.

Cómo Tomar Decisiones Que No Lamentarás

Cada día nos enfrentamos a innumerables decisiones y algunas de ellas pueden cambiar el curso de nuestras vidas para siempre. Entonces, ¿a dónde acudes en busca de dirección? ¿Qué debemos hacer cuando nos enfrentamos a una tentación? Este breve estudio te brindará una práctica y valiosa guía, al explorar el papel que tiene la Escritura y el Espíritu Santo en nuestra toma de decisiones.

Dinero y Posesiones: La Búsqueda del Contentamiento

Nuestra actitud hacia el dinero y las posesiones reflejará la calidad de nuestra relación con Dios. Y, de acuerdo con las Escrituras, nuestra visión del dinero nos muestra dónde está descansando nuestro verdadero amor. En este estudio, los lectores escudriñarán las Escrituras para aprender de dónde proviene el dinero, cómo se supone que debemos manejarlo y cómo vivir una vida abundante, sin importar su actual situación financiera.

Cómo puede un Hombre Controlar Sus Pensamientos, Deseos y Pasiones

Este estudio capacita a los hombres con la poderosa verdad de que Dios ha provisto todo lo necesario para resistir la tentación y lo hace, a través de ejemplos de hombres en las Escrituras, algunos de los cuales cayeron en pecado y otros que se mantuvieron firmes. Aprende cómo escoger el camino de pureza, para tener la plena confianza de que, a través del poder del Espíritu Santo y la Palabra de Dios, podrás estar algún día puro e irreprensible delante de Dios.

Viviendo Victoriosamente en Tiempos de Dificultad

Vivimos en un mundo decadente, poblado por gente sin rumbo y no podemos escaparnos de la adversidad y el dolor. Sin embargo, y por alguna razón, los difíciles tiempos que se viven actualmente son parte del plan de Dios y sirven para Sus propósitos. Este valioso estudio ayuda a los lectores a descubrir cómo glorificar a Dios en medio del dolor; al tiempo que aprenden cómo encontrar gozo aún cuando la vida parezca injusta y a conocer la paz que viene al confiar en el Único que puede brindar la fuerza necesaria en medio de nuestra debilidad.

El Perdón: Rompiendo el Poder del Pasado

El perdón puede ser un concepto abrumador, sobre todo para quienes llevan consigo profundas heridas provocadas por difíciles situaciones de su pasado. En este estudio innovador, obtendrás esclarecedores conceptos del perdón de Dios para contigo, aprenderás cómo responder a aquellos que te han tratado injustamente y descubrirás cómo la decisión de perdonar rompe las cadenas del doloroso pasado y te impulsa hacia un gozoso futuro.

Elementos Básicos de la Oración Efectiva

Esta perspectiva general de la oración te guiará a una vida de oración con más fervor, a medida que aprendes lo que Dios espera de tus oraciones y qué puedes esperar de Él. Un detallado examen del Padre Nuestro y de algunos importantes principios obtenidos de ejemplos de oraciones a través de la Biblia, te desafiarán a un mayor entendimiento de la voluntad de Dios, Sus caminos y Su amor por ti mientras experimentas lo que significa verdaderamente el acercarse a Dios en oración.

Cómo Liberarse de los Temores

La vida está llena de todo tipo de temores que pueden asaltar tu mente, perturbar tu alma y traer estrés incalculable. Pero no tienes que permanecer cautivo a tus temores. En este estudio de seis semanas aprenderás cómo confrontar tus circunstancias con fortaleza y coraje mientras vives en el temor del Señor – el temor que conquista todo temor y te libera para vivir en fe.

Cómo se Hace un Líder al Estilo de Dios

¿Qué espera Dios de quienes Él coloca en lugares de autoridad? ¿Qué características marcan al verdadero líder efectivo? ¿Cómo puedes ser el líder que Dios te ha llamado a ser? Encontrarás las respuestas a éstas y otras preguntas, en este poderoso estudio de cuatro importantes líderes de Israel—Elí, Samuel, Saúl y David— cuyas vidas señalan principios que necesitamos conocer como líderes en nuestros hogares, en nuestras comunidades, en nuestras iglesias y finalmente en nuestro mundo.

¿Qué Dice la Biblia Acerca del Sexo?

Nuestra cultura está saturada de sexo, pero muy pocos tienen una idea clara de lo que Dios dice acerca de este tema. En contraste a la creencia popular, Dios no se opone al sexo; únicamente, a su mal uso. Al aprender acerca de las barreras o límites que Él ha diseñado para proteger este regalo, te capacitarás para enfrentar las mentiras del mundo y aprender que Dios quiere lo mejor para ti.

Principios Clave para el Ayuno Bíblico

La disciplina espiritual del ayuno se remonta a la antigüedad. Sin embargo, el propósito y naturaleza de esta práctica a menudo es malentendida. Este vigorizante estudio explica por qué el ayuno es importante en la vida del creyente promedio, resalta principios bíblicos para el ayuno efectivo y muestra cómo esta poderosa disciplina lleva a una conexión más profunda con Dios.

Entendiendo los Dones Espirituales

¿Qué son Dones Espirituales?
El tema de los dones espirituales podría parecer complicado: ¿Quién

tiene dones espirituales – "las personas espirituales" o todo el mundo? ¿Qué son dones espirituales?

Entender los Dones Espirituales te lleva directamente a la Palabra de Dios, para descubrir las respuestas del Mismo que otorga el don. A medida que profundizas en los pasajes bíblicos acerca del diseño de Dios para cada uno de nosotros, descubrirás que los dones espirituales no son complicados – pero sí cambian vidas.

Descubrirás lo que son los dones espirituales, de dónde vienen, quiénes los tienen, cómo se reciben y cómo obran dentro de la iglesia. A medida que estudias, tendrás una nueva visión de cómo puedes usar los dones dados por Dios para traer esperanza a tu hogar, tu iglesia y a un mundo herido.

Viviendo Como que le Perteneces a Dios

¿Pueden otros ver que le perteneces a Dios?

Dios nos llama a una vida de gozo, obediencia y confianza. Él nos llama a ser diferentes de quienes nos rodean. Él nos llama a ser santos.

En este enriquecedor estudio, descubrirás que la santidad no es un estándar arbitrario dentro de la iglesia actual o un objetivo inalcanzable de perfección intachable. La santidad se trata de agradar a Dios – vivir de tal manera que sea claro que le perteneces a Él. La santidad es lo que te hace único como un creyente de Jesucristo.

Ven a explorar la belleza de vivir en santidad y ver por qué la verdadera santidad y verdadera felicidad siempre van de la mano.

Amando a Dios y a los demás

¿Qué quiere realmente Dios de ti?

Es fácil confundirse acerca de cómo agradar a Dios. Un maestro de Biblia te da una larga lista de mandatos que debes guardar. El siguiente te dice que solo la gracia importa. ¿Quién está en lo correcto?

Hace siglos, en respuesta a esta pregunta, Jesús simplificó todas las reglas y regulaciones de la Ley en dos grandes mandamientos: amar a Dios y a tu prójimo.

Amar a Dios y a los demás estudia cómo estos dos mandamientos definen el corazón de la fe Cristiana. Mientras descansas en el conocimiento de lo que Dios te ha llamado a hacer, serás desafiado a vivir estos mandamientos – y descubrir cómo obedecer los simples mandatos de Jesús que transformarán no solo tu vida sino también las vidas de los que te rodean.

Distracciones Fatales: Conquistando Tentaciones Destructivas

¿Está el pecado amenazando tu progreso espiritual?

Cualquier tipo de pecado puede minar la efectividad del creyente, pero ciertos pecados pueden enraizarse tanto en sus vidas - incluso sin darse cuenta - que se vuelven fatales para nuestro crecimiento espiritual. Este estudio trata con seis de los pecados "mortales" que amenazan el progreso espiritual: Orgullo, Ira, Celos, Glotonería, Pereza y Avaricia. Aprenderás cómo identificar las formas sutiles en las que estas distracciones fatales pueden invadir tu vida y estarás equipado para conquistar estas tentaciones destructivas para que puedas madurar en tu caminar con Cristo.

La Fortaleza de Conocer a Dios

Puede que sepas acerca de Dios, pero ¿realmente sabes lo que Él dice acerca de Sí mismo – y lo que Él quiere de ti?

Este estudio esclarecedor te ayudará a ganar un verdadero entendimiento del carácter de Dios y Sus caminos. Mientras descubres por ti mismo quién es Él, serás llevado hacia una relación más profunda y personal con el Dios del universo – una relación que te permitirá mostrar confiadamente Su fuerza en las circunstancias más difíciles de la vida.

Guerra Espiritual: Venciendo al Enemigo

¿Estás preparado para la batalla?
Ya sea que te des cuenta o no, vives en medio de una lucha espiritual. Tu enemigo, el diablo, es peligroso, destructivo y está determinado a alejarte de servir de manera efectiva a Dios. Para poder defenderte a ti mismo de sus ataques, necesitas conocer cómo opera el enemigo. A través de este estudio de seis semanas, obtendrás un completo conocimiento de las tácticas e insidias del enemigo. Mientras descubres la verdad acerca de Satanás – incluyendo los límites de su poder – estarás equipado a permanecer firme contra sus ataques y a desarrollar una estrategia para vivir diariamente en victoria.

Volviendo Tu Corazón Hacia Dios

Descubre lo que realmente significa ser bendecido.
En el Sermón del Monte, Jesús identificó actitudes que traen el favor de Dios: llorar sobre el pecado, demostrar mansedumbre, mostrar misericordia, cultivar la paz y más. Algunas de estas frases se han vuelto tan familiares que hemos perdido el sentido de su significado. En este poderoso estudio, obtendrás un fresco entendimiento de lo que significa alinear tu vida con las prioridades de Dios. Redescubrirás por qué la palabra bendecido significa caminar en la plenitud y satisfacción de Dios, sin importar tus circunstancias. A medida que miras de cerca el significado detrás de cada una de las Bienaventuranzas, verás cómo estas verdades dan forma a tus decisiones cada día – y te acercan más al corazón de Dios.

El Cielo, El Infierno y la Vida Después de la Muerte

Descubre lo que Dios dice acerca de la muerte, el morir y la vida después de la muerte.
Muchas personas están intrigadas por lo que les espera detrás de la puerta, pero vivimos en una era bombardeada de puntos de vista en conflicto. ¿Cómo podemos estar seguros de lo que es verdad?

En este estudio esclarecedor, examinarás las respuestas de la Biblia acerca de la muerte y lo que viene después. A medida que confrontas la inevitabilidad de la muerte en el contexto de la promesa del cielo y la realidad del infierno, serás desafiado a examinar tu corazón — y al hacerlo, descubrir que al aferrarte a la promesa de la vida eterna, el aguijón de la muerte es reemplazado con paz.

Descubriendo lo Que Nos Espera en el Futuro

Con todo lo que está ocurriendo en el mundo, las personas no pueden evitar cuestionarse respecto a lo que nos espera en el futuro. ¿Habrá paz alguna vez en la tierra? ¿Cuánto tiempo vivirá el mundo bajo la amenaza del terrorismo? ¿Hay un horizonte con un solo gobernante mundial? Esta fácil guía de estudio conduce a los lectores a través del importante libro de Daniel; libro en el que se establece el plan de Dios para el futuro.

Esperanza Después del Divorcio

Con el divorcio surgen muchas preguntas, dolor y frustración. ¿Qué voy a hacer? ¿Cómo sobreviviré? ¿Qué hay de los niños? ¿Qué pensará la gente de mí? ¿Qué piensa Dios de mí?
¿Cómo puedes superar esto? ¿Vivir con ello?
A través de este estudio de seis semanas descubrirás verdades bíblicas sólidas que te ayudarán a ti o a un ser querido a recuperarse del dolor, debido al fin de un matrimonio. Aquí encontrarás consejos prácticos y motivadores, así como también la certeza del amor y poder redentor de Dios, trabajando en incluso las situaciones más difíciles mientras sales adelante con una perspectiva piadosa de tu nueva realidad.

Acerca De Ministerios Precepto Internacional

Ministerios Precepto Internacional fue levantado por Dios con el solo propósito de establecer a las personas en la Palabra de Dios para producir reverencia a Él. Sirve como un brazo de la iglesia sin ser parte de una denominación. Dios ha permitido a Precepto alcanzar más allá de las líneas denominacionales sin comprometer las verdades de Su Palabra inerrante. Nosotros creemos que cada palabra de la Biblia fue inspirada y dada al hombre como todo lo que necesita para alcanzar la madurez y estar completamente equipado para toda buena obra de la vida. Este ministerio no busca imponer sus doctrinas en los demás, sino dirigir a las personas al Maestro mismo, Quien guía y lidera mediante Su Espíritu a la verdad a través de un estudio sistemático de Su Palabra. El ministerio produce una variedad de estudios bíblicos e imparte conferencias y Talleres Intensivos de entrenamiento diseñados para establecer a los asistentes en la Palabra a través del Estudio Bíblico Inductivo.

Jack Arthur y su esposa, Kay, fundaron Ministerios Precepto en 1970. Kay y el equipo de escritores del ministerio producen estudios **Precepto sobre Precepto,** Estudios **In & Out**, estudios de la **serie Señor**, estudios de la **Nueva serie de Estudio Inductivo**, estudios **40 Minutos** y **Estudio Inductivo de la Biblia Descubre por ti mismo para niños.** A partir de años de estudio diligente y experiencia enseñando, Kay y el equipo han desarrollado estos cursos inductivos únicos que son utilizados en cerca de 185 países en 70 idiomas.

Movilizando
Estamos movilizando un grupo de creyentes que "manejan bien la Palabra de Dios" y quieren utilizar sus dones espirituales y talentos para alcanzar 10 millones más de personas con el estudio bíblico inductivo.
Si compartes nuestra pasión por establecer a las personas en la Palabra de Dios, te invitamos a leer más. Visita **www.precept.org/Mobilize** para más información detallada.

Respondiendo Al Llamado
Ahora que has estudiado y considerado en oración las escrituras, ¿hay algo nuevo que debas creer o hacer, o te movió a hacer algún cambio en

tu vida? Es una de las muchas cosas maravillosas y sobrenaturales que resultan de estar en Su Palabra – Dios nos habla.

En Ministerios Precepto Internacional, creemos que hemos escuchado a Dios hablar acerca de nuestro rol en la Gran Comisión. Él nos ha dicho en Su Palabra que hagamos discípulos enseñando a las personas cómo estudiar Su Palabra. Planeamos alcanzar 10 millones más de personas con el Estudio Bíblico Inductivo.

Si compartes nuestra pasión por establecer a las personas en la Palabra de Dios, ¡te invitamos a que te unas a nosotros! ¿Considerarías en oración aportar mensualmente al ministerio? Si ofrendas en línea en **www.precept. org/ATC**, ahorramos gastos administrativos para que tus dólares alcancen a más gente. Si aportas mensualmente como una ofrenda mensual, menos dólares van a gastos administrativos y más van al ministerio.

Por favor ora acerca de cómo el Señor te podría guiar a responder el llamado.

COMPRA CON PROPÓSITO

Cuando compras libros, estudios, audio y video, por favor cómpralos de Ministerios Precepto a través de nuestra tienda en línea (**http://store.precept.org/**) o en la oficina de Precepto en tu país. Sabemos que podrías encontrar algunos de estos materiales a menor precio en tiendas con fines de lucro, pero cuando compras a través de nosotros, las ganancias apoyan el trabajo que hacemos:

• Desarrollar más estudios bíblicos inductivos
• Traducir más estudios en otros idiomas
• Apoyar los esfuerzos en 185 países
• Alcanzar millones diariamente a través de la radio y televisión
• Entrenar pastores y líderes de estudios bíblicos alrededor del mundo
• Desarrollar estudios inductivos para niños para comenzar su viaje con Dios
• Equipar a las personas de todas las edades con las habilidades del estudio bíblico que transforma vidas.

Cuando compras en Precepto, ¡ayudas a establecer a las personas en la Palabra de Dios!

Printed in the USA
CPSIA information can be obtained
at www.ICGtesting.com
LVHW021518230823
755928LV00016B/848

9 781621 192176